Olufemi B. Vaughan

Otimização do BPM com a tecnologia de computação em nuvem numa economia em desenvolvimento

Olufemi B. Vaughan

Otimização do BPM com a tecnologia de computação em nuvem numa economia em desenvolvimento

ScienciaScripts

Imprint

Cover image: www.ingimage.com

This book is a translation from the original published under ISBN 978-3-659-74478-5.

Publisher:
Sciencia Scripts
is a trademark of
Dodo Books Indian Ocean Ltd. and OmniScriptum S.R.L publishing group

120 High Road, East Finchley, London, N2 9ED, United Kingdom
Str. Armeneasca 28/1, office 1, Chisinau MD-2012, Republic of Moldova, Europe
Printed at: see last page
ISBN: 978-620-7-66110-7

ÍNDICE

RESUMO

O impacto da computação em nuvem no gerenciamento de processos de negócios (BPM) nunca é demais. A crescente utilização de soluções de serviços em nuvem pelas organizações introduziu mudanças radicais na forma como as aplicações empresariais são geridas.

Num BPM tradicional, as organizações terão de lidar com uma enorme quantidade de investimento em hardware e software, bem como com a mão de obra necessária para a instalação e manutenção dos sistemas. Num sistema baseado na nuvem, o fornecedor de serviços oferece a utilização do software num regime de pagamento por utilização. Isto não só facilita o desembolso de capital financeiro, mas também oferece escalabilidade aos utilizadores para utilizarem facilmente recursos adicionais durante o período de pico. Tem havido uma grande preocupação com a segurança dos dados sensíveis da organização na adoção do serviço de computação em nuvem, uma vez que a solução em nuvem é alojada fora da organização e os dados são armazenados na nuvem.

Este artigo analisa o nível de TIC que as organizações da economia em desenvolvimento têm utilizado para integrar o seu BPM. Examina as vantagens do serviço de computação em nuvem na utilização de recursos financeiros, recursos de capital humano, tempo de execução do serviço, segurança dos dados e ambiente empresarial ecológico das organizações na economia em desenvolvimento. O documento investiga ainda os desafios e a motivação para a adoção do serviço de computação em nuvem no BPM.

AGRADECIMENTOS

Estou grato a Deus todo-poderoso, criador do céu e da terra, pela sabedoria e força para terminar este trabalho. A minha profunda e sincera gratidão ao Dr. Giorgios Meramveliotakis, o seu apoio sem reservas durante a minha tese sobre "Otimização do BPM com a tecnologia de computação em nuvem na Nigéria" tem sido uma fonte de motivação, ao Sr. Taofeek Babayeju, o meu modelo com admiração: e a Bolanle, Ethan e Bethany Vaughan, a minha família com amor.

CAPÍTULO 1

1. 0 Introdução

A otimização da Gestão de Processos Empresariais (BPM) vai além da compra e instalação de software de aplicação para que a organização obtenha vantagens competitivas. O BPM é uma abordagem metodológica para tornar o processo de trabalho de uma organização eficaz, eficiente e adaptável a um ambiente em mudança. Um processo de negócio é um conjunto de actividades que são postas em movimento para melhorar o desempenho da empresa e melhorar os negócios da organização. Dá prioridade aos processos da organização e assegura que são desenvolvidos, compreendidos e geridos para acrescentar valor aos serviços da organização.

Por outro lado, a tecnologia de computação em nuvem utiliza recursos de computação que residem numa máquina remota. Fornece o serviço ao utilizador final através da rede. Isto exige que o utilizador confie os seus dados a um serviço remoto, sobre o qual tem pouco ou nenhum controlo.

Esta investigação centrou-se na forma como a tecnologia de computação em nuvem pode ser utilizada para otimizar a gestão dos processos empresariais na economia em desenvolvimento. A investigação analisará o nível de TIC que tem sido utilizado pelas organizações em África para otimizar o processo empresarial e tomar boas decisões empresariais; a extensão dos recursos (humanos e financeiros) que são consumidos pela infraestrutura e serviços tecnológicos; a segurança dos dados e o tempo que o BPM tradicional demora a responder aos problemas empresariais.

Analisará a perspetiva dos africanos quanto à adoção da tecnologia de computação em nuvem e os desafios da infraestrutura tecnológica existente. Discutirá as vantagens económicas, arquitectónicas, de segurança dos dados, ambientais e estratégicas da otimização do BPM com a tecnologia de computação em nuvem em relação a um BPM tradicional.

1. 1 Declaração do problema

São gastos enormes recursos no BPM tradicional. É extenuante, ineficiente, menos sistemático e menos produtivo. O problema tático e operacional do BPM foi identificado como falta de normas, fraqueza na especificação de processos, falta de formação em BPM, falta de metodologia e falta de apoio de ferramentas para a visualização de processos, lacuna percebida entre a conceção e a execução de processos, falta de comunicação das capacidades das ferramentas (Bandara et. al, 2007). A ferramenta para a inovação e transformação do negócio numa organização é o BPM. Os benefícios da inovação e da transformação empresarial só podem ser alcançados se o BPM for optimizado com a tecnologia de computação em nuvem. As empresas que combinam tecnologia inovadora com mudanças organizacionais terão altos incidentes de melhoria de produtividade (Gera e Gu, 2004)

A necessidade de otimizar o processo de negócio das organizações na economia em desenvolvimento para competir favoravelmente no mercado global não pode ser enfatizada em demasia. A organização precisa de um processo que possa acrescentar valores económicos, arquitectónicos e estratégicos ao seu negócio, e que melhore as decisões operacionais e tácticas do negócio; um BPM que seja escalável com uma arquitetura de tolerância a falhas e uma interface de fácil utilização para os utilizadores criarem, modelarem, optimizarem e monitorizarem processos com uma ferramenta gráfica. Melhorará as actividades humanas com uma base de conhecimentos e um portal dinâmico numa monitorização em tempo real que combinará a aplicação existente/personalizada numa plataforma flexível e fácil de utilizar.

A investigação demonstrou que o valor ótimo do BPM pode ser alcançado quando a organização opera segundo o modelo de maturidade da taxonomia dimensional do desenvolvimento de soluções de BPM; compreende as fases Inicial, Repetitiva, Definida, Gerida e Optimizada. Modelo de maturidade da aceitação da solução de BPM através de: demonstração de um resultado tangível, adoção dentro da empresa, alavancagem nas melhores práticas da indústria sobre a estrutura da solução de BPM, vinculação de KPI's a cada um dos processos. Um grande impacto no processo e na cultura da empresa pode ser alcançado através do modelo de maturidade em governação. (Petya, 2013).

1.2 Declaração de objectivos

A Gestão de Processos de Negócio das organizações na economia em desenvolvimento precisa de ser mais eficaz, eficiente e transparente. Para que a organização evite operar em modo de gestão de crise, terá de otimizar o seu BPM para garantir uma resolução proactiva dos problemas. O objetivo desta investigação é destacar a forma como as organizações da economia em desenvolvimento podem otimizar os seus processos empresariais com a tecnologia de computação em nuvem.

1.3 Questões de investigação

Quando os processos empresariais são optimizados com a tecnologia de computação em nuvem, a organização obtém uma melhor perceção do que está a fazer sem ter de comprar e manter uma infraestrutura de TI dispendiosa para gerir e coordenar os seus próprios processos empresariais. Antes de uma organização económica em desenvolvimento poder apreciar plenamente o valor que a tecnologia de computação em nuvem pode oferecer na gestão de processos empresariais, é necessário abordar as seguintes questões de investigação:

(1) Quais são os níveis de tecnologia da informação a que a organização empresarial

acedeu para otimizar o processo empresarial e produzir uma iniciativa empresarial sólida? Isto determinará o nível das infra-estruturas de TI que estão no terreno para suportar a tecnologia de computação em nuvem.

(2) Quais são os níveis de recursos utilizados pela organização para adquirir e manter infra-estruturas e serviços de tecnologias de informação e comunicação em comparação com o custo do serviço de tecnologia de computação em nuvem?

(3) Qual é o tempo de resposta, a segurança dos dados e a medida em que o BPM tradicional oferece soluções para os problemas da empresa em comparação com os serviços de tecnologia de computação em nuvem?

(4) Quais são os benefícios que podem ser obtidos com a utilização da tecnologia de computação em nuvem em relação a um ambiente empresarial de computação tradicional?

O presente documento de investigação fornecerá respostas a estas questões de investigação. As respostas serão um dos requisitos fundamentais para uma implementação bem sucedida do serviço de tecnologia de computação em nuvem na gestão de processos empresariais (BPM) da economia em desenvolvimento.

1.4 Visão geral da metodologia

Este estudo envolve a recolha e análise de técnicas qualitativas e quantitativas. Centra-se na recolha de dados de metodologia mista para fornecer uma interpretação mais clara que qualquer uma das abordagens não pode fornecer de forma independente (Creswwll et al, 2003).

Os métodos adoptados para esta metodologia são a entrevista, o questionário e a análise documental. A entrevista foi efectuada por telefone e por chat na Internet. O questionário foi aplicado através de formulários Google. A análise qualitativa e quantitativa foi efectuada em documentos de arquivo sobre Cloud Computing e BPM.

1.5 Fundamentação e significado

A otimização do BPM com a tecnologia de computação em nuvem ajuda a ajustar o tempo e o investimento no BPM com o seu valor acrescentado sem um dispêndio de recursos de capital. Este atributo da computação em nuvem no BPM está a ser referido como "pay-as-you-go" ou "pay- as-you-grow". É adaptável com uma arquitetura de elevada tolerância a falhas com uma interface familiar para os utilizadores empresariais criarem, modelarem, monitorizarem e optimizarem o processo empresarial com ferramentas gráficas. As aplicações são fáceis de desenvolver, implementar e suportar; centram-se nas funções primárias da organização e deixam as outras a cargo de terceiros com experiência e competência para fazer um ótimo trabalho a um preço competitivo (Petya, 2013).

A computação em nuvem oferece custos flexíveis para organizações de pequena, média e grande escala. Tem um modelo de negócio escalável que permite à organização usufruir de economias de escala independentemente da sua dimensão. Tem uma abordagem empresarial adaptável que permite às empresas ajustar os produtos, os processos e os seus serviços às diferentes preferências dos clientes. A complexidade é velada para o utilizador final; não aumenta o nível de conhecimento necessário quando a sofisticação dos produtos e serviços é alargada. O conteúdo é orientado pela adaptação às mudanças no contexto do utilizador. Tem capacidade para armazenar mais informações devido ao aumento da potência e da capacidade dos computadores. Tem uma elevada conetividade no ecossistema através da colaboração com clientes, parceiros e comunidade numa plataforma que partilha recursos e processos de informação. Estes são oferecidos numa plataforma segura que elimina os riscos tradicionais de segurança das tecnologias da informação e das empresas e reforça um ambiente sustentável que reduz o impacto negativo do BPM no ambiente empresarial.

Há uma vasta gama de serviços que podem ser utilizados por uma organização empresarial. Os componentes destes serviços estão divididos em onze categorias, nomeadamente: (i) Armazenamento como serviço (SaaS). Este serviço é também conhecido por "espaço em disco a pedido". Utiliza instalações de armazenamento em locais remotos ii) Base de dados como serviço (DaaS). Partilha uma base de dados remota com outros utilizadores, ao mesmo tempo que lhes dá a impressão de que a base de dados é local. Baseia-se numa tecnologia de base de dados que normalmente custaria à organização milhares de dólares em licenças de software e hardware (iii) Information-as-a- Service (laaS). Fornece informações que são alojadas remotamente através de uma interface definida, por exemplo, relatórios de crédito, informações sobre o preço das acções (IV) Process-as-a-Service (PaaS). Fornece um serviço a pedido para a gestão de processos empresariais (V) Software como serviço (SaaS); também conhecido como aplicação como serviço (AaaS). Fornece aplicações de software através da plataforma Web (VI) Plataforma como serviço (PaaS). Fornece uma plataforma completa, como a aplicação, a interface, a base de dados, o armazenamento e os testes de desenvolvimento. Disponibiliza uma aplicação empresarial a pedido, mediante uma pequena assinatura para utilizadores locais (VII) Integração como serviço (laaS). Oferece uma pilha completa de integração a partir da nuvem. Fornece todas as características da Integração de Aplicações Empresariais (EAI) como um serviço em nuvem (VIII) Gestão/Govemance-as-a-Service (MaaS/GaaS). Envolve a gestão da topologia da nuvem, a utilização de recursos, a virtualização e a gestão do tempo de atividade. Aplica políticas definidas sobre serviços e dados (IX) Testing-as-a- Service (TaaS). Testa sistemas locais ou em nuvem com software alojado remotamente (X) Infraestrutura como serviço (laaS). Disponibiliza recursos de computação à distância mediante o pagamento de uma subscrição (XI) Segurança como serviço (SaaS). Fornece serviços de segurança através da Internet (Petya, 2013)

1.6 Papel do investigador

O investigador conseguiu unificar as questões fundamentais da investigação isolando e definindo categorias durante o processo de investigação, a fim de aprender e compreender o inquérito e determinar a relação entre os fenómenos ou categorias já isolados e definidos antes desta investigação.

CAPÍTULO 2

REVISÃO DA LITERATURA

2.0 Introdução

O BPM capta os processos empresariais e monitoriza as instâncias em execução desses processos. Um processo empresarial é composto por actividades manuais, automatizadas ou uma combinação de ambas; contém um motor de gestão do fluxo de trabalho que coordena a execução passo a passo de um processo. Decidir sobre a mudança do BPM para a nuvem requer o envolvimento de toda a equipa de gestão; os objectivos e o estado final devem ser definidos. Muitas organizações consideram que não precisam de um departamento de TI devido ao aumento das equipas de recursos com conhecimentos de TI se a tecnologia de computação em nuvem for adoptada; no entanto, isto resultará na obtenção de informações divididas entre diferentes ambientes, em políticas de segurança da organização pouco seguras e num ambiente empresarial não conforme, o que pode resultar na falta de compreensão do ambiente de TI e na perda da topologia da informação. As áreas de foco ao considerar a importância dos aspectos da comunicação e da tecnologia de computação em nuvem de uma perspetiva de ponta a ponta são o modelo de entrega, as operações comerciais, os ambientes de aplicação e a tecnologia utilizada.

2.1 Valor comercial da tecnologia de computação em nuvem

O desempenho das empresas melhorará se o BPM for optimizado com a tecnologia de computação em nuvem. A tecnologia de computação em nuvem acrescentará valor económico, arquitetónico e estratégico ao BPM. O valor económico resulta do alinhamento do calendário e da dimensão do investimento com o valor ganho, sem despesas de capital; este modelo é designado por "pay-as-you-go" ou "pay-as-you-grow". O valor arquitetónico deriva da escalabilidade e da elevada tolerância a falhas com um ambiente de desenvolvimento consistente e abstrato para o programador. Permite o desenvolvimento e a implementação rápidos de aplicações. O valor estratégico permite que a organização se concentre na sua função principal, enquanto subcontrata outras a terceiros, que têm conhecimentos especializados para fazer um excelente trabalho a um preço competitivo (Petya, 2013).

Considera-se que a caraterística de pagamento consoante o uso da computação em nuvem oferece recursos ilimitados. A abordagem baseada na transformação da computação em nuvem ajudará a reduzir a exposição de dados sensíveis. Ajuda a organização a afetar parte do seu processo empresarial às instalações e à nuvem. Este método permite ao utilizador determinar o processo que será colocado nas instalações ou na nuvem; é fragmentado por transformação automatizada (Evert et al, 2014).

A caraterística de pagamento conforme o crescimento da tecnologia de computação em nuvem tem um grande potencial para abrir a penetração das TIC em todos os sectores da economia nos países em desenvolvimento. As organizações de pequenas e médias empresas podem otimizar os seus processos empresariais com a tecnologia de computação em nuvem sem um enorme dispêndio de capital; esta tecnologia ajuda a educação, as transacções, a colaboração, a divulgação de informações e outras áreas da vida de um homem moderno.

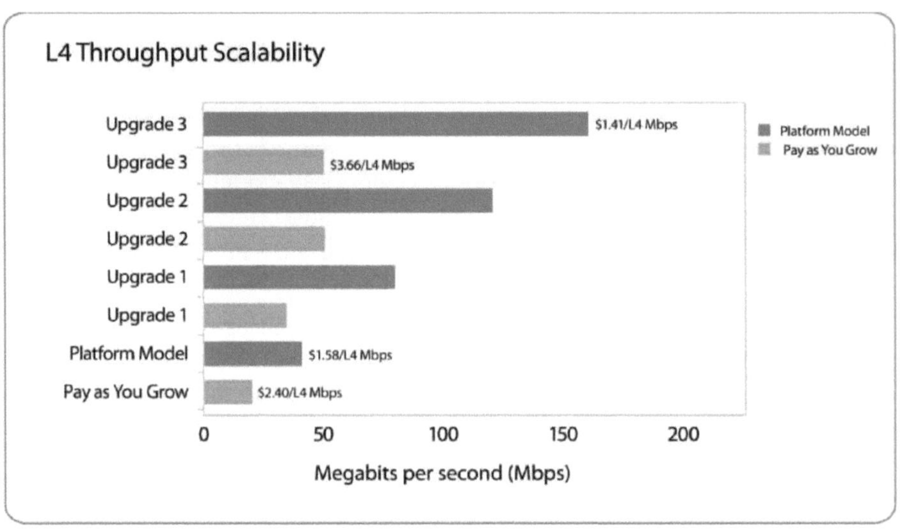

Figura 2.0: Modelo de pagamento conforme o crescimento do serviço de tecnologia de computação em nuvem. Adaptado de: (MacVittie, 2012).

Os serviços oferecidos pela tecnologia de computação em nuvem podem ser classificados em três camadas diferentes, nomeadamente: Infraestrutura como serviço (laaS), Plataforma como serviço (PaaS) e Software como serviço (SaaS). Oferece recursos informáticos ilimitados. Substitui as despesas de capital por despesas operacionais, mediante o pagamento de uma subscrição apenas dos recursos informáticos utilizados. Não se trata de uma nova tecnologia, nem de uma nova arquitetura ou metodologia; ***é uma forma económica de fornecer recursos informáticos a uma organização empresarial.*** Proporciona um escalonamento elástico dos custos operacionais. A gestão de processos empresariais como um serviço (BPMaaS) é oferecida pela computação em nuvem empresarial. O BPMaaS integra e gere processos empresariais. Atribui processos ao proprietário do processo dentro da organização, ao contrário da computação em nuvem do utilizador, por exemplo, Facebook, Yahoo Mail, conta Google e um blogue. O BPMaaS integra o ciclo de vida de um processo empresarial desde o desenvolvimento do conceito até à conceção, implementação e melhoria contínua do processo. As vantagens do BPM baseado na nuvem são inúmeras e não se limitam a: (i) acesso ilimitado a recursos tecnológicos sem investimento de capital inicial (ii) poupa o tempo necessário para adquirir infra-estruturas de TI (iii) gere recursos em diferentes ambientes da cadeia de abastecimento (IV) cria um ponto de partida igual para as empresas. Reduz o investimento em TI ao mínimo, de acordo com a utilização da infraestrutura e o tempo de processamento (Mell e Grance, 2011).

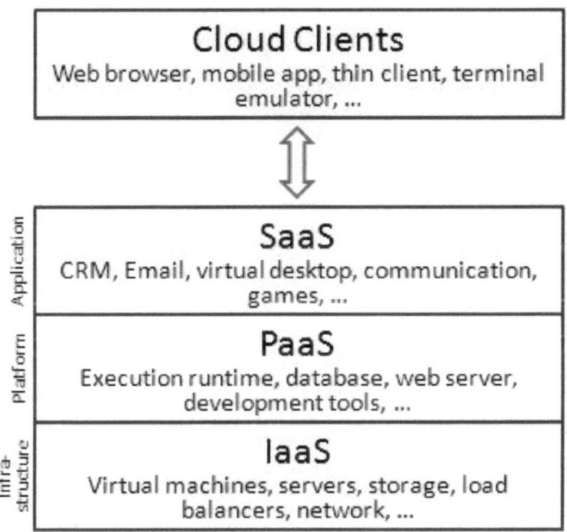

Figura 2.1: Modelo de camadas do serviço de computação em nuvem. Adaptado de: (Alt, 2014)

O emparelhamento do BPM e da tecnologia de computação em nuvem pode proporcionar os melhores benefícios comerciais para a organização, mas é necessário examinar se a mudança para a nuvem é a decisão comercial correcta. Antes de passar para a nuvem, a organização precisa de examinar as suas necessidades de negócio e ter em conta a sua estabilidade financeira, o crescimento previsto, o conjunto de competências existentes e decidir sobre as opções de nuvem que são benéficas para o seu negócio (Weissman, 2015). Deve ser adoptada uma abordagem holística à gestão das necessidades empresariais. ***Se uma aplicação em nuvem agrega valor ao negócio, então é melhor. Mas não deve ser actualizada só para ter a tecnologia mais recente, porque pode pôr em risco o valor financeiro e cultural da empresa.***

O valor financeiro é o que a organização considera importante, desejável, correto ou digno; e tem a capacidade ou a vontade de pagar com base na sua capacidade financeira. Os gestores empresariais e tecnológicos têm de determinar se precisam de mais capacidade de computação, ou de uma aplicação nova ou actualizada, e decidir como a financiar. A condição económica subjacente é fundamental para tomar uma decisão empresarial inteligente. Por outro lado, o valor cultural é um pressuposto de valores éticos que constitui a base da ação da organização; determina a forma como a gestão de topo pretende que a organização funcione. Estariam eles dispostos a confiar na aplicação que reside atrás da firewall dos fornecedores? Podem estar preocupados com o nível de controlo ou violação da segurança na nuvem, ou com o nível de conformidade do fornecedor da nuvem com os regulamentos regionais.

A questão que as organizações têm de examinar é se devem construir, comprar ou alugar. O custo de cada opção precisa de ser considerado e comparado: desenvolvimento interno do sistema, licença de software de um fornecedor ou subscrição de um serviço de computação em nuvem. A decisão final de migrar para a nuvem deve ser informada, entre muitas outras coisas, por: (1) O conjunto de habilidades que existe dentro de uma organização: O pessoal existente na organização tem os conhecimentos necessários para desenvolver ou suportar as aplicações na nuvem ou tem de contratar pessoal temporário ou permanente? (2) A prática contabilística na organização e as suas limitações: A organização está sujeita a um limite nas suas despesas de capital, o que determina a forma como adquire grandes soluções de software ou muda para a nuvem, que apenas exigirá despesas mensais? (3) Escalabilidade e crescimento previsto: A aplicação pode ser modificada ou actualizada para servir mais pessoas no futuro, ou ser implantada em mais locais ao longo do tempo? (Weissman, 2015).

2.2 Segurança da tecnologia de computação em nuvem

A tecnologia de computação em nuvem garante a privacidade e o controlo do utilizador com o serviço de gestão da identidade (IDMaaS). Processa e armazena informações de identidade de forma cega com o BlindldM. Nunez & Agudo, 2014 afirma que "o BlindldM não confiava na proteção de dados do fornecedor de identidade na nuvem. Utiliza o protocolo SAML 2.0 para encriptar o proxy e obter a confidencialidade de ponta a ponta das informações, enquanto o fornecedor de serviços na nuvem presta o seu serviço de gestão da identidade. O SAML 2.0 é um protocolo baseado em XML que utiliza fichas de segurança que contêm a confirmação da transmissão de informações sobre um proprietário de identidade entre o fornecedor de identidade (autoridade SAML) e o fornecedor de serviços SAML (um consumidor). O BlindldM é um modelo que: (i) Aumenta a privacidade e a confidencialidade das informações sobre a identidade e reduz o risco de segurança (ii) Aumenta o controlo sobre o processo de gestão da identidade (iii) Optimiza os recursos de computação entre os fornecedores de serviços em nuvem e a infraestrutura interna. (IV) Abre novas oportunidades de negócio para os fornecedores de serviços de computação em nuvem. As orientações de segurança para a área de incidência na computação em nuvem referem que a gestão da identidade como serviço é a resposta do sector aos desafios da gestão da identidade. Dá confiança às organizações para subcontratarem o serviço de gestão da identidade ao fornecedor de serviços de computação em nuvem"

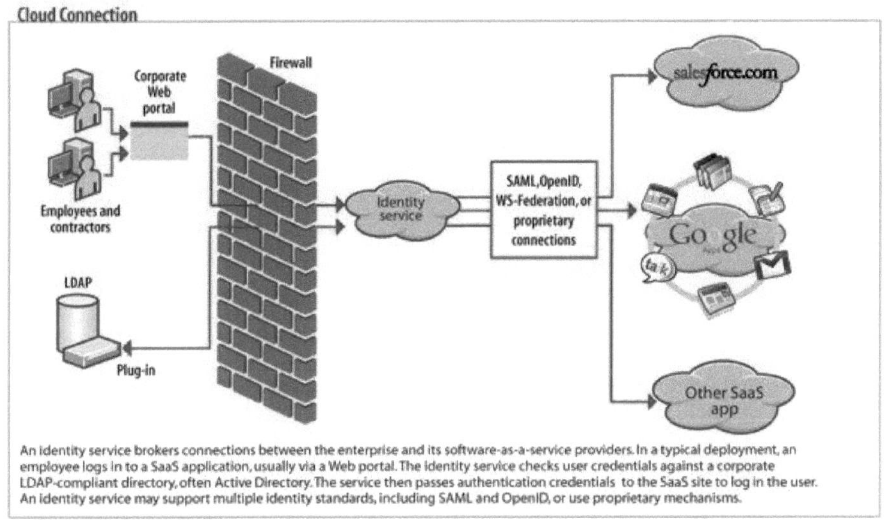

An identity service brokers connections between the enterprise and its software-as-a-service providers. In a typical deployment, an employee logs in to a SaaS application, usually via a Web portal. The identity service checks user credentials against a corporate LDAP-compliant directory, often Active Directory. The service then passes authentication credentials to the SaaS site to log in the user. An identity service may support multiple identity standards, including SAML and OpenID, or use proprietary mechanisms.

Figura 2.2: Gestão de identidade na nuvem. Adaptado de: (George, 2012)

A opção pela tecnologia de computação em nuvem não deve limitar-se à segurança, à arquitetura, à fiabilidade, ao desempenho e à interoperabilidade com os sistemas internos, sem ter em conta as condições de negócio que colocam o serviço de computação em nuvem em cima da mesa (Weissman, 2015). ***O controlo na nuvem deve ser examinado em relação à cultura empresarial, à propriedade e à conformidade.*** Deve ser considerada a apetência da gestão para confiar numa aplicação que fica atrás da de outra pessoa. A transparência da comunicação do serviço de computação em nuvem, a propriedade das informações na nuvem; quem é responsável em caso de violação da segurança? O que acontece se o fornecedor de serviços de computação em nuvem deixar de funcionar? Os níveis de conformidade do fornecedor de serviços de computação em nuvem com a mesma regra a que a organização está sujeita são todos factores que devem ser considerados.

2.3 Oferta de nível de serviço da tecnologia de computação em nuvem

O acordo de oferta de nível de serviço para o serviço de aplicação em nuvem é uma parte importante de um contrato de serviço. Ele estabelece o nível mínimo de serviços que são exigidos do fornecedor de nuvem. Há duas perspectivas principais para a abordagem orientada por SLA, a saber, SLA de aplicação e tecnologias de processamento de eventos. O SLA de aplicação é utilizado para tarefas específicas, como a implantação e o monitoramento de processos; por outro lado, as tecnologias de processamento de eventos são uma execução de processo baseada em eventos que pode ser utilizada para explorar o ambiente de nuvem. Os dois aspectos do SLA se complementam, ele pode ser usado para monitorar a execução do processo de uma forma fracamente acoplada e também otimizar a implantação do processo em tempo de execução. Cada parte do SLA captura todos os fatores relevantes e é mapeada para um modelo de custo (Vinod & Hans-Amo, 2010).

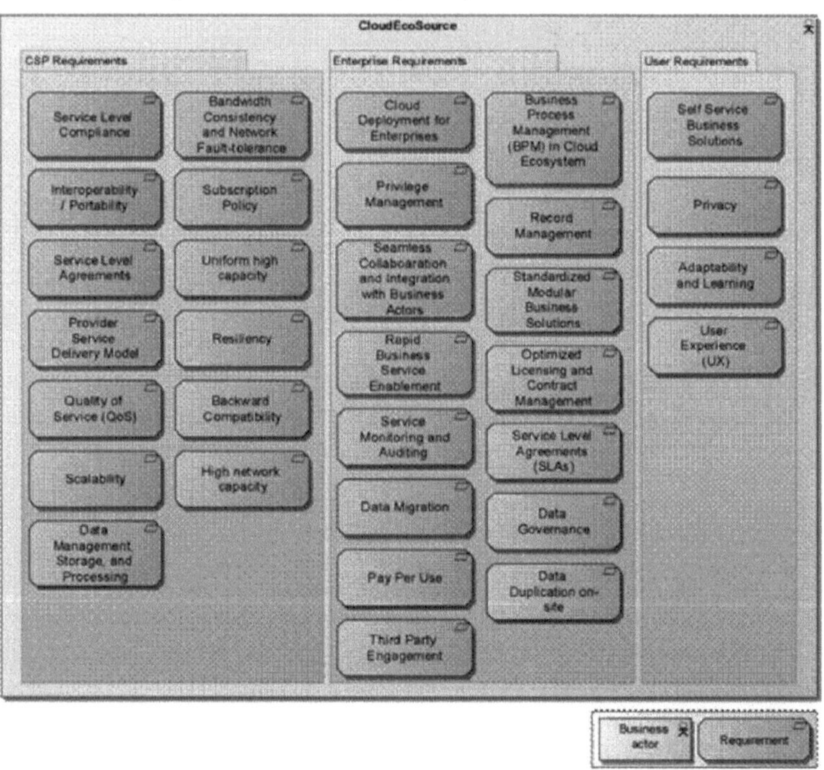

Figura 2.2: Modelo de SLA em ambiente de nuvem. Adaptado de: (The OpenGroup, 2013)

Michele Cantara, analista da Gartner, propõe que, em 2018, a maioria dos serviços estratégicos e diferenciadores dependerá da nuvem.

Com o Business Process as a Service (BPaaS), a organização empresarial pode reduzir o tempo e os recursos necessários para beneficiar de oportunidades ou reagir a uma mudança no cenário de conformidade. Existe frequentemente uma confusão entre BPaaS e SaaS; ambos os serviços utilizam software idêntico, mas a distinção reside no tipo de SLA que é assinado com o fornecedor de serviços (Cantara, 2015). ***O SLA do SaaS centra-se no tempo de funcionamento e na fiabilidade, enquanto o BPaaS se centra no resultado comercial, como o número de clientes adquiridos ou uma aplicação de cliente processada corretamente.***

Para maximizar os benefícios da tecnologia de computação em nuvem, o departamento de TI precisa ser organizado como um centro de custo, em vez de um centro de lucro. O benefício da TI só pode ser maximizado num centro de custos (Gubaxani & Kemerer, 1989).

Num centro de lucro, os gestores do departamento de TI têm um conhecimento privado da informação que conduz à assimetria de informação, o que torna difícil para uma empresa determinar o preço ótimo para os serviços de TI. O objetivo do centro de custos é minimizar os custos (Vidyanand & Joseph, 2013). A informação sobre os custos e os preços será disponibilizada a todas as partes interessadas, o que permitirá tomar a melhor decisão comercial relativamente a todos os investimentos em TI.

Ao considerar o departamento de TI como um centro de custos, também é necessário prever o desconhecido, que não está coberto pelo SLA. A capacidade de responder ao desconhecido é fundamental para a continuidade de uma organização empresarial. Deve ser considerado um serviço de seguro que possa aumentar rapidamente os processos técnicos e humanos na sequência de um grande desastre. O prestador de serviços de computação em nuvem precisa de garantir que a sua política de erros e omissões cobre as reclamações relacionadas com o ciberespaço, porque um cliente de computação em nuvem pode exigir ser ressarcido pela responsabilidade direta e de terceiros causada por uma violação (Floresca, 2015). ***O risco de seguro num ambiente de computação em nuvem deve ser gerido de forma rigorosa, como se os dados estivessem armazenados no seu próprio sistema pessoal.***

2.4 Impacto ambiental da tecnologia de computação em nuvem

A computação em nuvem e a sustentabilidade são uma tendência emergente na nossa sociedade atual. Atualmente, o mundo está a centrar-se na pegada de carbono das tecnologias da informação. As organizações precisam de dar mais ênfase ao desenvolvimento de estratégias a longo prazo para reduzir a sua pegada de carbono através de operações e produtos sustentáveis. A tecnologia de computação em nuvem pode poupar uma enorme quantidade de energia a uma organização em medidas de custos de energia directos e indirectos, tais como a redução do custo de transporte e de fabrico; ajuda a reduzir a pegada de carbono utilizando: menos maquinaria, equipamento eficiente, custos de controlo climático consolidados e atribuição dinâmica de recursos.

No entanto, a enorme necessidade de energia dos parques de servidores dos fornecedores de serviços de computação em nuvem pode criar problemas ambientais. Os centros de dados utilizam 30 mil milhões de watts de eletricidade a nível mundial (New York Times, 2012). Um inquérito realizado pela Gamer revela também que a indústria das TI é responsável por dois por cento das emissões mundiais de carbono, o que equivale à produção de gases com efeito de estufa da indústria da aviação (Gartner, 2007). Os fornecedores de serviços de computação em nuvem utilizam energia que não é limpa nem sustentável (Greenpeace, 2012). Para ser verdadeiramente sustentável do ponto de vista ambiental, o fornecedor de serviços de computação em nuvem deve obter a sua energia a partir de uma fonte de energia renovável. ***A utilização de combustíveis fósseis ou carvão como fonte de energia deve ser desencorajada na alimentação de um centro de dados.***

Os fornecedores de serviços de computação em nuvem precisam de se esforçar continuamente para serem eficientes. Com o seu poder de compra, podem incentivar os decisores políticos a aumentar o fornecimento de fontes de energia limpa. A sua pegada de carbono deve também ser tornada transparente (Matthews, 2013).

2.5 Desafios

Os desafios de segurança da proteção de dados podem ser variados do seguinte modo (i) A perda de governação na implantação da nuvem pública pode levar a problemas de segurança, que podem não estar cobertos pelo SLA, porque os assinantes de serviços em nuvem cedem os controlos aos fornecedores.

(ii) A responsabilidade pode ser ambígua porque um aspeto da segurança pode abranger toda a organização do consumidor e do prestador de serviços, o que pode resultar em deixar a parte importante da defesa da segurança sem orientação. (iii) O fornecedor fica bloqueado quando os consumidores de serviços em nuvem dependem da propriedade de um fornecedor de serviços. (IV) A conformidade e o risco jurídico podem surgir devido ao facto de o consumidor de serviços de computação em nuvem não confirmar que o prestador de serviços de computação em nuvem possui as certificações adequadas e também clarifica a responsabilidade de segurança entre o prestador de serviços e os consumidores. (V) Quando os consumidores dependem de um prestador de serviços para tratar de incidentes de segurança, como a deteção, a comunicação e a gestão de violações da segurança. (VI)

O acesso à interface do consumidor através da Internet apresenta um maior risco de vulnerabilidade quando combinado com o acesso remoto e a possível vulnerabilidade do navegador. (VII) O comportamento malicioso de pessoas com acesso interno pode ser substancial com base nos privilégios de que dispõem. (VIII) Indisponibilidade do serviço devido a falhas na comunicação entre os sistemas dos consumidores e dos fornecedores, que podem ser causadas por uma série de factores, tais como falhas no equipamento, no software ou no centro de dados (ENISA, 2015).

Nunca é demais enfatizar a necessidade de abordar o risco de segurança acima. À medida que os consumidores de serviços de computação em nuvem transferem seus aplicativos e dados para a nuvem, é importante que o nível de segurança fornecido no ambiente de computação em nuvem seja melhor ou igual à segurança fornecida pelo ambiente de TI tradicional (Cloud Standard Customer Council, 2012). ***Não obstante, a utilização de serviços de computação em nuvem proporciona uma via para inovações nos serviços de segurança que tem potencial para melhorar os desafios globais de segurança da economia em desenvolvimento.***

2.6 Conclusão

A otimização do BPM com a tecnologia de computação em nuvem tem um enorme potencial para transformar a organização empresarial na economia em desenvolvimento, proporcionando uma plataforma mais segura, custos reduzidos, maior eficiência e agilidade empresarial e contribuindo para um mundo mais sustentável. ***Os benefícios da tecnologia de computação em nuvem superam os seus potenciais desafios de segurança. A organização obterá o máximo de benefícios de várias tecnologias sem um conhecimento profundo ou uma especialização em cada uma delas; aumenta a competitividade global das pequenas e médias empresas, dando-lhes o privilégio de utilizar tecnologia moderna com prestação de serviços especializados com uma pequena subscrição, sem um desembolso de capital inicial. Os*** desafios de segurança percebidos são inerentes a todas as formas de tecnologia, e isso foi resolvido através do fornecimento de BlindldM, que preserva a identidade como um serviço (IDaaS). Quando todos os recursos individuais de serviços em nuvem são escalonados de forma consistente sem escalonar os recursos do sistema, será mais barato responder a picos emergentes de procura de segurança.

CAPÍTULO 3

METODOLOGIA

3.0 Introdução

A Gestão de Processos de Negócio das organizações na economia em desenvolvimento precisa de ser mais eficaz, eficiente e transparente. Para que a organização evite operar em modo de gestão de crises, terá de otimizar o seu BPM para garantir uma resolução proactiva dos problemas. O BPM eliminará a abordagem hierárquica tradicional da gestão empresarial e substituí-la-á por um processo de gestão da mudança mais eficiente, fiável e eficaz. O processo tem sido visto como um importante ativo da organização que precisa de ser compreendido, gerido e desenvolvido para anunciar o valor acrescentado às partes interessadas; esta abordagem de gestão empresarial só pode ser apoiada ou possibilitada pela tecnologia e/ou pessoas (Gong & Janssen, 2011). Um BPM convencional é acompanhado de uma definição formal e de uma modelização técnica; o termo "processo empresarial" é frequentemente utilizado como sinónimo de gestão de middleware ou de integração de software de aplicação pelos profissionais das tecnologias da informação. ***O BPM afastou-se da automação empresarial com a utilização de tecnologias da informação para a integração de processos orientados para o ser humano, que permitem a interação humana numa série de fases com a utilização de tecnologia; isto permitirá às organizações simular alterações ao processo empresarial com base em informações que podem ser deduzidas a partir de grandes volumes de dados do mundo real e adaptar o BPM às metodologias da indústria.*** Permitirá à organização racionalizar e otimizar continuamente os seus processos empresariais de acordo com as exigências do mercado (Gong & Janssen, 2011).

A navegação no BPM e uma escolha correcta e pragmática da tecnologia de computação em nuvem garantirão que uma organização esteja preparada para o futuro, com a capacidade de começar rapidamente e adotar uma abordagem híbrida para evitar problemas (Landro, 2013). A tecnologia de computação em nuvem pode trazer uma melhoria dinâmica do processo com baixo custo; ***é uma forma económica de fazer negócios. A computação em nuvem proporcionará às organizações da economia em desenvolvimento vantagens competitivas em relação às empresas que a negligenciam.***

Este livro destaca os benefícios da tecnologia de computação em nuvem na otimização da gestão de processos empresariais e os desafios da adoção da computação em nuvem na economia em desenvolvimento. No capítulo seguinte, é apresentado da seguinte forma: A secção um fala sobre o nível de adoção da tecnologia de computação em nuvem na economia em desenvolvimento; a secção dois discute o inquérito, as entrevistas e a análise documental que foram realizados para atingir o objetivo da investigação; nas secções três, quatro e cinco, é realizada uma análise exaustiva dos dados; o capítulo cinco discute os resultados; enquanto o capítulo seis apresenta recomendações e conclusões para o trabalho de investigação.

3.1 Fundamentação da abordagem de investigação

Este estudo envolve a recolha e análise de dados qualitativos e quantitativos (investigação mista) em diferentes fases da investigação. A metodologia centra-se na recolha de dados qualitativos e quantitativos para proporcionar uma melhor compreensão do que uma abordagem qualitativa ou quantitativa pode proporcionar isoladamente (Creswwll et al, 2003). A sua metodologia envolve um pressuposto que recolhe e analisa a mistura de dados qualitativos e quantitativos em diferentes fases do processo de investigação. O método centra-se na recolha de dados qualitativos e quantitativos para proporcionar uma melhor compreensão do que a abordagem qualitativa ou quantitativa pode fornecer sozinha para dar respostas:

- Os níveis de TIC que as organizações africanas utilizaram para integrar o processo empresarial e promover uma decisão empresarial sólida? Isto determinará o nível das infra-estruturas de TI que estão no terreno para suportar a tecnologia de computação em nuvem.

- Os níveis de recursos que são utilizados pela organização para adquirir e manter infra-estruturas e serviços de tecnologias de informação e comunicação em comparação com o custo do serviço de tecnologia de computação em nuvem?

- O tempo de resposta, a segurança dos dados e a medida em que o BPM tradicional oferece soluções para os problemas da empresa em comparação com os serviços de tecnologia de computação em nuvem?

- As vantagens que podem ser obtidas com a utilização da tecnologia de computação em nuvem em relação a um ambiente empresarial de computação tradicional?

Com esta metodologia, foram adoptados os métodos de investigação de entrevista, questionário e análise documental. A entrevista foi efectuada por telefone e por chat na Internet. O questionário foi aplicado através de formulários Google. A análise qualitativa foi efectuada em documentos de arquivo sobre Cloud Computing e BPM.

3.2 Contexto de investigação

O desempenho das empresas melhorará se o BPM for optimizado com a tecnologia de computação em nuvem. ***A tecnologia de computação em nuvem acrescentará valor económico, arquitetónico e estratégico ao BPM.*** O valor económico resulta do alinhamento do calendário e da dimensão do investimento com o valor ganho, sem despesas de capital; este modelo é designado por "pay-as-you-go" ou "pay-as-you-grow". O valor arquitetónico deriva da escalabilidade e da elevada tolerância a falhas com um ambiente de desenvolvimento consistente e abstrato para o programador. Permite o desenvolvimento e a implementação rápidos de aplicações. O valor estratégico permite que a organização se concentre na sua função principal, enquanto subcontrata outras a terceiros, que têm conhecimentos especializados para fazer um excelente trabalho a um preço competitivo (Petya, 2013).

A computação em nuvem oferece custos flexíveis para organizações de pequena, média e grande escala. Tem um modelo de negócio escalável que permite à organização usufruir de economias de escala independentemente da sua dimensão. Tem uma abordagem empresarial adaptável que permite às empresas ajustar os produtos, os processos e os seus serviços às diferentes preferências dos clientes. ***A complexidade é velada para o utilizador final; não aumenta o nível de conhecimento necessário quando a sofisticação dos produtos e serviços é alargada.*** O conteúdo é orientado pela adaptação às mudanças no contexto do utilizador. Tem capacidade para armazenar mais informações devido ao aumento da potência e da capacidade dos computadores. Tem uma elevada conetividade no ecossistema através da colaboração com clientes, parceiros e comunidade numa plataforma que partilha recursos e processos de informação. Estes são oferecidos numa plataforma segura que elimina os riscos tradicionais de segurança das tecnologias da informação e das empresas e reforça um ambiente sustentável que reduz o impacto negativo do BPM no ambiente empresarial.

3.3 Amostra de investigação e fonte de dados

Os dados recolhidos provêm de fontes primárias e secundárias. Os dados de fonte primária são obtidos através de questionários e entrevistas telefónicas, enquanto as fontes de dados secundários provêm de revisões da literatura sobre computação em nuvem e gestão de processos empresariais, revistas académicas, publicações e fontes da Internet. As informações dos dados secundários constituem a base a partir da qual o tópico da investigação foi construído e também determinaram as informações necessárias para os dados primários. Este método serve a perspetiva teórica da investigação; dá voz a diversas perspectivas ao defender os participantes e permite uma melhor compreensão de um fenómeno ou processo que está a mudar em resultado do seu estudo (Creswell, 2003).

3.4 Métodos de recolha de dados

3.4.1 Questionário

O questionário foi distribuído utilizando os formulários do Google, uma aplicação de inquérito em linha. A aplicação facilita a administração do questionário e a realização de análises estatísticas. Os efeitos do conteúdo das perguntas são previstos. Trata-se de perguntas deliberadas que favorecem os encontros sociais e abrem portas para novas conversas com os inquiridos (Sudman et. al, 1996)

3.4.2Entrevistas

Foi realizada uma entrevista semi-estruturada por telefone. Este método foi adotado depois de o inquirido ter sido previamente informado sobre o tema e o objetivo da entrevista. A entrevista fornece uma grande quantidade de informações sobre o tema da investigação e esclarece todas as formas de ambiguidade na resposta dos participantes; é também utilizada para aceder aos sentimentos dos participantes sobre o assunto em questão (Miles e Huberman, 1994).

3.4.3 Dados secundários

Os dados de fonte secundária foram recolhidos na biblioteca em linha, no motor de busca Google scholar, em publicações, em revistas académicas e na revisão da literatura sobre gestão de processos empresariais e tecnologia de computação em nuvem. A fonte de dados ajuda na correspondência de padrões e na construção de explicações. Utiliza a teoria existente e testa a sua adequação explicando as conclusões; constrói explicações enquanto recolhe e analisa dados (Yin, 1994).

3.5 Métodos de análise de dados

Os resultados da investigação foram recolhidos a partir de um questionário e de uma entrevista. A análise foi concebida para determinar o nível de adoção da tecnologia de nuvem na gestão de processos empresariais. O questionário foi utilizado para abordar a investigação, enquanto a entrevista telefónica foi utilizada para fornecer mais informações sobre o objetivo da investigação e também para validar a credibilidade dos resultados. ***A investigação é orientada por decisões analíticas que ocorrem tanto antes do estudo como durante o mesmo.*** A investigação baseia-se no paradigma do pragmatismo, que responde aos princípios da complementaridade e da expansão. A análise mista envolve a utilização de ambos os métodos em simultâneo (Onwuegbuzie e Combs, 2010). Os resultados da revisão da literatura e da análise documental são interpretados para melhorar, alargar, ilustrar e clarificar os resultados das entrevistas. As análises quantitativas e qualitativas são também utilizadas para alargar o âmbito do estudo e o foco da investigação.

3.6 Questões de fiabilidade

" Os métodos mistos não são, por natureza, nem mais nem menos válidos do que abordagens específicas de investigação. Tal como acontece com qualquer investigação, a validade resulta mais da adequação, da minúcia e da eficácia com que esses métodos são aplicados e do cuidado dado à ponderação cuidadosa das provas do que da aplicação de um determinado conjunto de regras ou da adesão a uma tradição estabelecida" (Bazely, 2004, pl42). A validade dos dados do estudo anterior foi testada através de uma entrevista não estruturada e da observação. Foi utilizado um elevado nível profissional de análise para determinar o elemento importante dos dados e identificar o padrão através da codificação. Os autores também foram referenciados. Foi também obtido o consentimento direto do participante no questionário e na entrevista não estruturada. O anonimato é mantido durante a análise dos dados e conservado durante um período de tempo razoável. A redação é isenta de preconceitos em relação a qualquer grupo ou organização. Os pormenores do estudo são explicados cuidadosamente no relatório para que os leitores possam avaliar a qualidade ética do estudo.

3.7 Conclusão

Um método de investigação misto é um terceiro movimento metodológico. A abordagem tem muito a oferecer em BPM e Tecnologia de Computação em Nuvem como resultado das limitações no uso de apenas métodos qualitativos ou quantitativos. É considerada por muitos como uma alternativa legítima à tradição qualitativa e quantitativa. O método de investigação misto não é nem menos nem mais válido do que o método qualitativo ou quantitativo. O mesmo se passa com qualquer investigação: a validade resulta da adequação, da exaustividade e da eficácia com que qualquer um dos métodos é aplicado e do nível de cuidado na comparação das provas, mais do que da aplicação de regras normalizadas ou da adesão a uma tradição estabelecida (Bazely, 2004). São adoptadas as regras normalizadas para garantir a validade da investigação qualitativa e quantitativa.

Os estudos são produtos de um paradigma pragmático que combina abordagens quantitativas e qualitativas em diferentes fases da investigação (Tashakkori & Teddlie, 2008)

CAPÍTULO 4

RESULTADOS E ANÁLISE DA INVESTIGAÇÃO

4.0 Introdução

O surgimento do ecossistema de computação em nuvem permitiu que a África e outros fornecedores de computação em nuvem de economias em desenvolvimento criassem e implantassem serviços de computação em nuvem para clientes em diferentes plataformas. Promoveu o ambiente competitivo e a colaboração no sector tecnológico. Permite que o fornecedor de serviços de computação em nuvem satisfaça as necessidades especializadas dos consumidores (Dahunsi & Owoseni, 2015). Este capítulo dá conta das conclusões que foram recolhidas a partir da análise documental e do questionário para compreender como otimizar o BPM com a computação em nuvem na economia em desenvolvimento. ***O questionário e a análise documental destinavam-se a responder à questão de investigação, enquanto as entrevistas validam a credibilidade dos resultados e fornecem uma visão dos objectivos da investigação.***

4.1 Adoção de serviços de computação em nuvem em economias em desenvolvimento

As novas empresas, os fornecedores de serviços online, as instituições financeiras, os utilizadores individuais de software livre e algumas bases de dados, como empresas e agências governamentais, são os consumidores de serviços de computação em nuvem na Nigéria. Esta percentagem é muito baixa numa população de mais de 167 milhões de pessoas, em comparação com outros países africanos, como o Quénia e a África do Sul.

Num inquérito realizado pela Cisco e pela World Wide Worx, (2013), foi revelado que 50% das médias e grandes empresas sul-africanas utilizavam serviços de computação em nuvem, 48% no Quénia e 36% na Nigéria. A África do Sul lidera o continente na adoção da computação em nuvem, com uma taxa de crescimento acelerado mais elevada no Quénia, em comparação com a Nigéria e a África do Sul.

Tabela 1: Serviço de nuvem

(Adaptado de Mohammed et al, em Cloud Computing Adoption in Nigeria: Challenges and Benefits)

País	% de médias e grandes empresas que utilizam serviços em nuvem
Quénia	48
Nigéria	36
África do Sul	50

O estudo também revelou que a nuvem privada recebeu a maior taxa de adoção em

2013, seguida pela nuvem híbrida, enquanto as restantes organizações optaram pela nuvem pública.

Tabela 2: Utilização da nuvem

(Adaptado de Mohammed et al, em Cloud Computing Adoption in Nigeria: Challenges and Benefits)

	% de utilização da Nuvem
Híbrido	**13**
Privado	25
Público	7

Prevê-se que a tendência aumente em 2014, 2015 e 2016: Utilização de Nuvem Híbrida - 5%, Utilização de Nuvem Privada - 7% e Utilização de Nuvem Pública - 9% (Mohammed et. al, 2015).

De acordo com um inquérito realizado por Awosan (2014), que se centrou nos responsáveis pelas tecnologias da informação de quinze empresas de tecnologias da informação e de telecomunicações, nos trabalhadores e nos utilizadores de aparelhos electrónicos que utilizam a computação em nuvem na Nigéria. 79% dos inquiridos têm conhecimento da computação em nuvem na Nigéria e 1% não tem conhecimento, enquanto a taxa de adoção da nuvem é de 73% baixa, 25% média e 2% elevada. O inquérito também revelou a utilização mais elevada de correio eletrónico baseado na Web, que se situa nos 100%, seguida de ferramentas de colaboração na nuvem, que se situa nos 46,7%. Nenhum dos participantes no inquérito indicou a utilização de software de desenvolvimento, aplicações ou serviços de gestão de projectos, como mostra a figura abaixo:

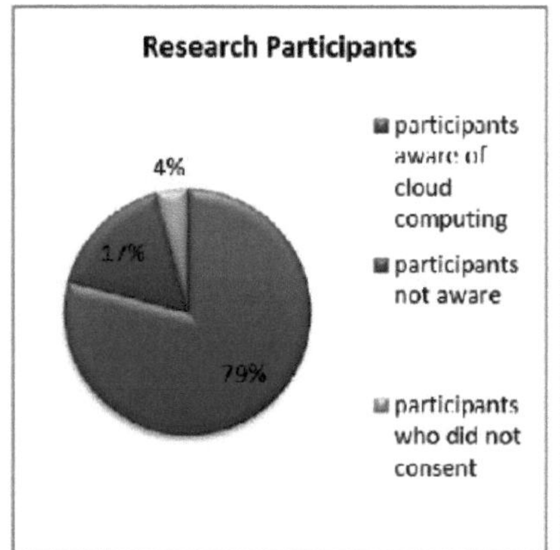

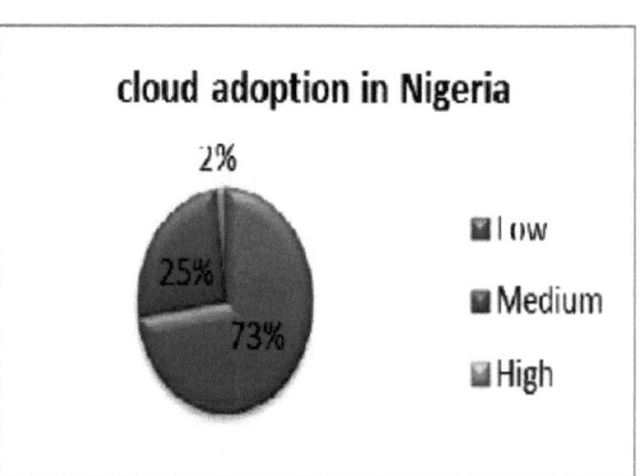

Fig 1: Research Participants and Cloud Awareness Fig 2: Cloud Service Adoption in Nigeria (Awosan, 2014)

(Awosan, 2014)

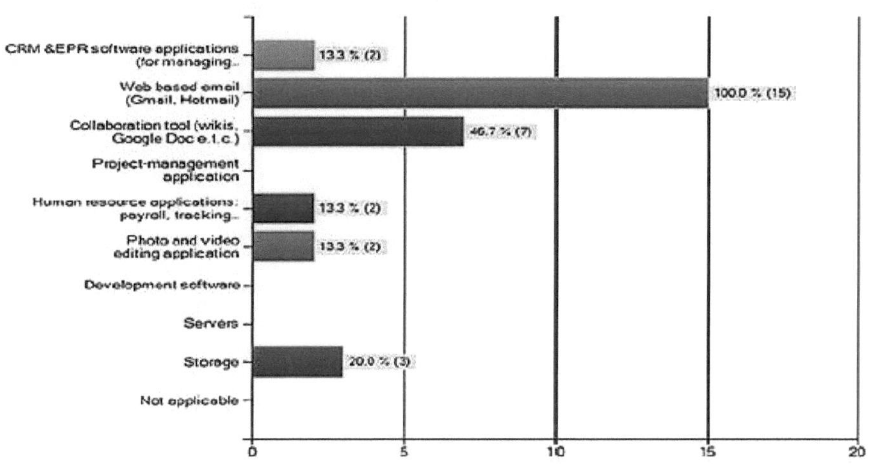

Fig. 3: Adoção de serviços de nuvem variantes (Awosan, 2014)

4.2 Integração das TIC, segurança e vantagens de serviço da otimização do BPM com o serviço de nuvem em relação ao BPM tradicional

A fim de conhecer o nível de automatização dos processos empresariais, a percentagem de utilização de serviços em nuvem, a resolução de falhas e a segurança dos dados nas indústrias em África, o questionário foi dirigido a 70 participantes do Departamento de Tecnologias da Informação de 9 indústrias diferentes. Foram recebidas 52 respostas, o que representa 74% da população total. 42,3% dos inquiridos pertencem ao sector financeiro, 7,7% à indústria transformadora, 3,8% à educação, 9,6% às telecomunicações, 7,7% aos transportes, 3,8% à agricultura, 13,5% à consultoria/serviços, 0% à construção e 11,5% a outros sectores (ver figura 2.0 abaixo):

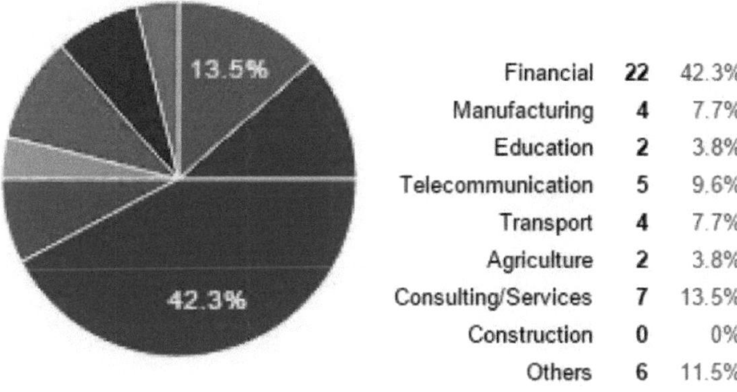

Fig 4: Participantes na investigação

A investigação analisa o nível de Tecnologia da Informação e Serviços de Computação em Nuvem que tem sido utilizado por organizações em África para integrar processos empresariais e promover uma decisão empresarial sólida. Analisa a perceção dos africanos sobre a adoção da tecnologia de computação em nuvem.

Resultados da investigação

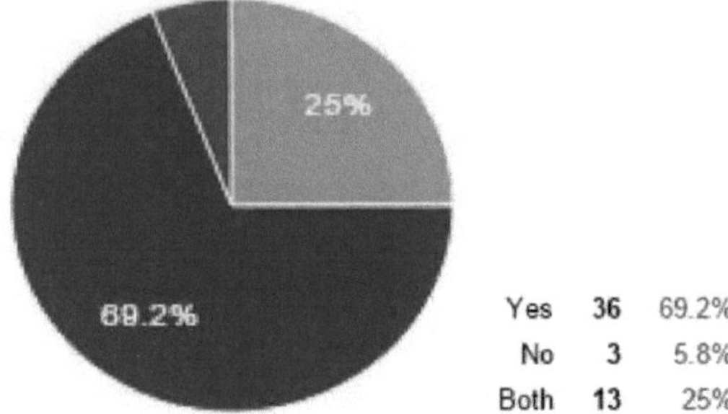

Fig 5: O nível de adoção de tecnologia em BPM

1. Para mostrar o nível de organização que utilizou as TIC para otimizar os seus processos empresariais em África. 69,2% dos inquiridos têm os seus processos empresariais optimizados com as TIC, 25% utilizam processos manuais e automatizados para otimizar os seus processos empresariais, enquanto apenas 5,8% utilizam processos manuais na gestão dos seus processos empresariais.

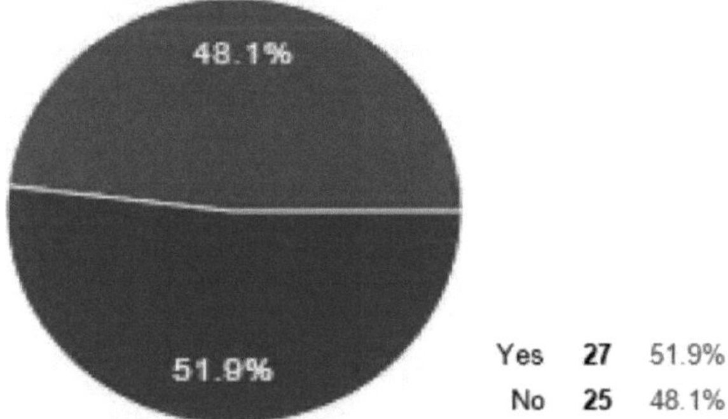

Fig 6: Subscrição do serviço de nuvem

2. Investigar o número de organizações que adoptam a utilização do serviço de computação em nuvem em África. 51,9% dos inquiridos subscrevem o serviço de computação em nuvem, enquanto 48,1% não o fazem.

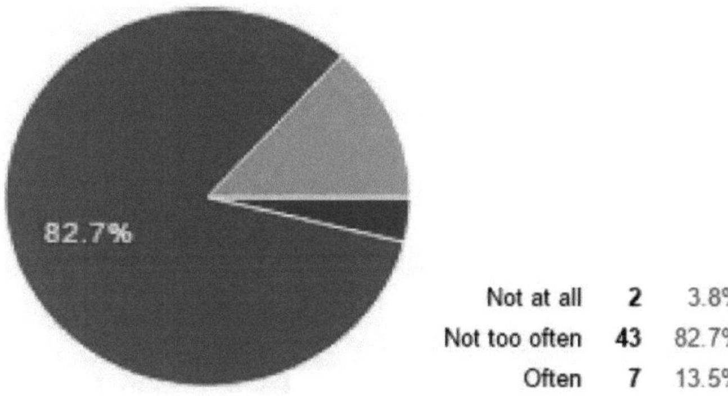

Fig 7: Frequência do tempo de inatividade

3. Averiguar o nível de fiabilidade das tecnologias da informação e da comunicação em África. 3,8% dos inquiridos não têm tempo de inatividade, 82,7% raramente têm tempo de inatividade, enquanto apenas 13,5% têm frequentemente tempo de inatividade.

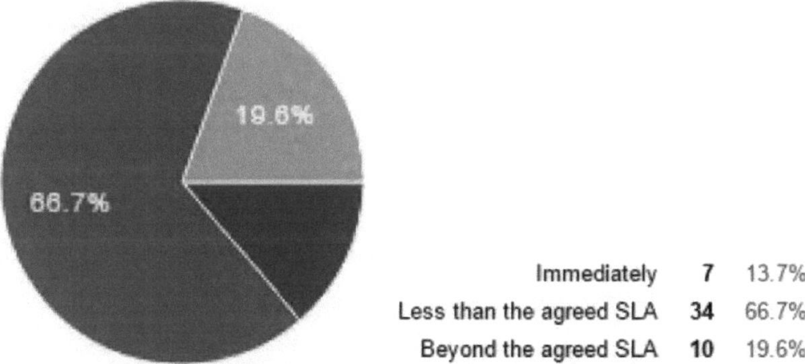

Fig. 8: Tempo de resposta para o restabelecimento do serviço

4. Medir o tempo de resposta para o restabelecimento do serviço e o cumprimento do Acordo de Nível de Serviço (SLA). A investigação indica que apenas 13,7% dos serviços são restabelecidos imediatamente e 66,7% são restabelecidos dentro do SLA acordado, enquanto 19,6% são restabelecidos para além do nível acordado do SLA.

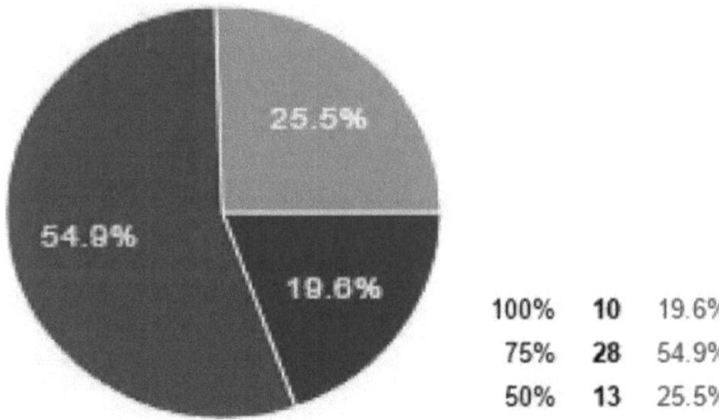

Fig. 9: Disponibilidade e segurança das TIC em África

5. Determinar o nível de disponibilidade e a perceção da segurança das TIC em África. 19,6% dos inquiridos têm 100% de perceção do nível de segurança e disponibilidade, 54,9% têm 75% e 25,5% têm 50%.

4.3 Entrevista - Análise de dados

T os inquiridos foram informados sobre o tema e o objetivo da entrevista antes da entrevista telefónica/chamadas Skype. Foram entrevistados 11 participantes e cada entrevista teve uma duração média de 30 minutos. A entrevista foi realizada entre novembro e dezembro de 2015.

Quadro 3: Participantes nas entrevistas

Participantes	Sector/indústria	Designação
A	Telecomunicações	Gestor de TI
B	Agricultura	Empregado
C	Financeiro	Gestor de TI
D	Telecomunicações	Gestor de TI
E	Consultoria	Empregado
F	Telecomunicações	Gestor de TI
G	Consultoria	Gestor de TI
H	Financeiro	Gestor de TI
I	Educação	Empregado
J	Agricultura	Empregado
K	Educação	Gestor de TI

R Resultados da investigação

1. Investigar o nível de TIC que as organizações africanas utilizaram para integrar o processo empresarial e promover decisões empresariais sólidas. 9 dos 11 inquiridos utilizaram as TIC para otimizar os processos empresariais da sua organização. Os inquiridos B e J, do sector agrícola, não utilizaram as TIC na gestão dos seus processos

empresariais. Os inquiridos A, C, D, G, H, I e K adoptaram o serviço de computação em nuvem na gestão dos seus processos empresariais. Todos os inquiridos utilizaram individualmente o serviço de computação em nuvem de fonte aberta; têm um conhecimento relativo do serviço básico de computação em nuvem.

2. Investigar o nível de recursos que são gastos para adquirir e manter infra-estruturas e serviços de TI em comparação com o custo do serviço de nuvem na otimização do BPM. Os inquiridos A, C, D, F e H lamentaram o elevado custo da produção de energia para fazer funcionar os servidores e os sistemas de refrigeração. Os inquiridos C e H queixam-se do elevado número de capital humano que é necessário no departamento de TI para gerir um serviço 24 horas por dia. Os inquiridos I e K referem o serviço ininterrupto de Software as a Service no ambiente académico; os inquiridos A, C, D, G, H, I e K afirmam que o serviço de nuvem é mais barato e acessível na otimização do BPM quando comparado com o custo do BPM tradicional. Os inquiridos A, C, D, E, F, G, H, I e K referem a oferta de serviços de pagamento à medida que cresce da tecnologia de nuvem; afirmam que esta facilita à organização a aquisição de infra-estruturas tecnológicas de grande dimensão.

3. Para determinar o tempo de resposta, a segurança dos dados e a medida em que o BPM tradicional oferece soluções para os problemas empresariais em comparação com o serviço de tecnologia de computação em nuvem. Os inquiridos C e H mostram-se preocupados com a segurança dos dados dos clientes na nuvem. Os inquiridos A, C, D, E, F, G, H, I e K afirmam que o fornecedor de serviços de computação em nuvem tem um tempo de resposta reduzido na resolução de problemas e na implementação de aplicações para os utilizadores finais; referem o acesso remoto e o serviço de aplicação push da capacidade do fornecedor de serviços de computação em nuvem para trabalhar sem interrupção do serviço. Os inquiridos C, D, E, F, G, H e I afirmam que os problemas de TI são resolvidos prontamente pelo fornecedor de serviços de computação em nuvem em comparação com os serviços geridos pelo departamento de tecnologia interno.

4. Examinar as vantagens da computação de serviços em nuvem no ambiente empresarial ecológico. Os inquiridos A, C, D, E, F, G, H, I e K afirmam que, com a adoção do serviço de computação em nuvem, a sua organização não utiliza a enorme quantidade habitual de combustível fóssil para alimentar os servidores de TI e os sistemas de refrigeração.

5. Conhecer os factores que motivam os utilizadores a adotar o serviço de nuvem em África. Os inquiridos A, B, F e D afirmam que uma maior concentração nas actividades principais motivará uma adoção rápida. Os inquiridos C, D, E, F e J afirmam que a fácil acessibilidade ao serviço. Os inquiridos A, D e C referem a necessidade de colaboração entre os fornecedores de serviços de computação em nuvem. Os inquiridos

C e H afirmam que a redução do número de funcionários de TI motiva a adoção de serviços de computação em nuvem.

6. Examinar os problemas de utilização do serviço de nuvem em África. A totalidade dos inquiridos enumerou estas 6 questões como os desafios dos africanos na adoção do serviço de computação em nuvem: Custo elevado do serviço de Internet, fraca sensibilização, fornecimento epilético de energia eléctrica, falta de confiança no fornecedor de serviços de computação em nuvem, custo do serviço de computação em nuvem, falta de um serviço de rede estável.

4.4 Efeito ambiental e financeiro da aquisição e manutenção de infra-estruturas tecnológicas versus serviços tecnológicos em nuvem

Em África, o sector bancário é considerado o maior utilizador de serviços de tecnologias da informação. Nos últimos tempos, o nível de utilização das TIC pelos bancos aumentou (Ovia, 2005). A razão para este aumento pode ser atribuída a ambientes empresariais flexíveis que atraem mudanças tecnológicas inovadoras em resultado de várias reformas no continente. A implementação das tecnologias de informação e comunicação em África é altamente intensiva em termos de capital. As despesas anuais dos bancos com TI estão a aumentar astronomicamente sem que haja um aumento da competitividade e da rentabilidade. Por exemplo, as despesas de TI no sector bancário da Nigéria aumentaram de 15 000 dólares em 2003 para 117 milhões de dólares em 2009, em parte devido à sobreorçamentação das despesas de TI pelos bancos. A investigação revela que os executivos do sector devem adotar estratégias que privilegiem a gestão e a utilização eficientes das TI. Os bancos nigerianos são encorajados a otimizar a capacidade do seu investimento em TI para usufruir de todos os benefícios da utilização da tecnologia (Ekata, 2012).

O consumo de energia proveniente de combustíveis fósseis na Nigéria foi de 17,4% do consumo total na última medição em 2011, enquanto o consumo dos Estados Unidos foi de 83,55% do consumo total na última medição em 2012 (Trading Economics, 2012). De acordo com o Carbon Disclosure Project (CDP), a computação em nuvem é a solução para o século 21st. Numa investigação conduzida pela Verdantix, (2011), e patrocinada pela AT&T; foi projetado que, até 2020, as empresas dos Estados Unidos que utilizam a computação em nuvem podem conseguir uma poupança anual de energia de 12,3 mil milhões de dólares e uma redução anual de carbono equivalente a 200 milhões de barris de petróleo - suficiente para alimentar 5,7 milhões de automóveis durante um ano.

Com base na estimativa do consumo de combustíveis fósseis da Nigéria e dos Estados Unidos, e nas poupanças projectadas de 12,3 mil milhões de dólares e na redução anual de carbono equivalente a 200 milhões de barris de petróleo no ano 2020 pelos Estados

Unidos, podemos estimar as poupanças anuais de energia e a redução de carbono na Nigéria até 2020, *assumindo que todos os outros indicadores económicos e a taxa de adoção de serviços em nuvem são iguais.*

Poupança nigeriana:

0,17 X 0,835 = 0,14195 = 14,2% (fração das poupanças da Nigéria com base no consumo de combustíveis fósseis)

Poupanças anuais de energia por nigeriano em 2020:

0,14195 X 12,3 mil milhões de dólares = 1,75 mil milhões de dólares

Redução anual de carbono - equivalente a barris de petróleo por nigeriano em 2020:

0,14195 X 200milhões de barris = 28,4milhões de barris - suficiente para abastecer 809.400 carros por ano

4.5 Factores motivadores e desafios da utilização da computação em nuvem para otimizar o BPM em África

Na investigação de Awosan, (2014) sobre os factores de motivação e os desafios dos nigerianos na utilização de serviços de computação em nuvem, verificou-se que 88,5% da população da amostra concordou que um aumento do foco e da acessibilidade do fornecedor de serviços de nuvem à atividade principal do utilizador final aumentará o nível de adoção dos serviços de nuvem. 88,3% afirmaram que a colaboração entre o fornecedor de serviços de computação em nuvem aumentará o nível de adoção, enquanto apenas 21,8% afirmam que a redução do número de funcionários de TI é um fator de motivação para a adoção de serviços de computação em nuvem. 88,9% concordaram que a falta de conhecimento dos serviços de computação em nuvem disponíveis é um desafio para os nigerianos que estão dispostos a adotar. 87,3% afirmam que o fornecimento instável de energia eléctrica, enquanto 83,6% concordam que a inconsistência e o elevado custo do serviço de Internet são um obstáculo. Apenas 29,1% afirmaram que a perceção do potencial aumento do preço dos serviços de computação em nuvem é um fator atenuante.

CAPÍTULO 5

DEBATE CRÍTICO

5.0 Introdução

Esta investigação avalia a otimização do BPM com o serviço de tecnologia de computação em nuvem na economia em desenvolvimento. Este objetivo foi alcançado qualitativamente através de entrevistas e análise documental, e quantitativamente através de inquéritos em linha e da análise de revistas académicas anteriores. O relatório dos resultados foi reunido e discutido no capítulo quatro. Neste capítulo, os resultados dos dois métodos de investigação serão discutidos no que se refere ao objetivo da revisão da literatura e da investigação.

5.1 O nível de integração das empresas com as TIC na economia em desenvolvimento

Os resultados da investigação quantitativa revelam que as percentagens de empresas que integraram a sua atividade nas TIC são muito baixas. A maioria das empresas apenas integrou a sua atividade com a utilização do serviço de correio eletrónico, principalmente a partir da nuvem. ***A adoção da computação em nuvem em África e noutras economias em desenvolvimento é baixa.*** O questionário revela que apenas 51,9% das poucas empresas que integram o seu processo empresarial com as TIC adoptam a tecnologia da nuvem. Nos resultados da investigação qualitativa, 9 das 11 pessoas que foram entrevistadas utilizaram o serviço de computação em nuvem a um nível mínimo, como o serviço de correio eletrónico; apenas algumas organizações integraram o seu processo empresarial com a tecnologia de computação em nuvem.

A indústria das TIC na Nigéria parece estar a fazer uma incursão significativa na sociedade (Nwogu, 2007). No início dos anos 90, as infra-estruturas de TIC eram limitadas no país. Poucos nigerianos têm acesso às instalações; o fax é o único meio disponível para os nigerianos transmitirem e receberem dados de outras partes do mundo; nessa altura, a sensibilização era muito menor. Nos últimos tempos, o panorama mudou; foram feitos investimentos relativamente grandes na indústria das TIC pelos sectores público e privado. Nos últimos 10 anos, o sector das TIC expandiu-se. Mais operadores GSM e fornecedores de serviços Internet (ISP) estão a operar no país. A criação da Política Nacional de Tecnologias da Informação (PNTI) em 2001 constitui um marco significativo no desenvolvimento do sector das TIC na Nigéria. A agência de implementação (NITDA) desta política tem a responsabilidade de implementar a política de TI da Nigéria, bem como de promover o crescimento e o desenvolvimento saudáveis do sector (Isosun, 2003).

Os decisores políticos e o governo africano aperceberam-se dos potenciais atributos e benefícios das TIC como um paradigma imperativo (Attama & Owolabi, 2008). As TIC são o motor do desenvolvimento atual (United Nation Conference on Trade & Development, 2005). ***A infusão das TIC no BPM aumenta a eficiência na prestação de serviços.*** As TIC ajudam a tomar decisões de elevada qualidade e poupam tempo. O governo federal da Nigéria lançou as bases do e-govemment para explorar o potencial das TIC na democracia sustentável (Aragba-Akpore, 2004).

5.2 As vantagens da gestão de processos empresariais baseada na nuvem

A otimização da gestão de processos empresariais (BPM) com a tecnologia de computação em nuvem melhora o desempenho da empresa, acrescentando valor económico, arquitetónico e estratégico à organização empresarial. Os resultados da investigação qualitativa revelaram que o custo da otimização do BPM com a tecnologia de computação em nuvem é baixo e exerce menos pressão sobre o capital financeiro da organização. A computação em nuvem permite medir os recursos utilizados; fornece recursos de informação eficientes ao fornecedor de nuvem e permite que os consumidores usufruam de um modelo de pagamento por utilização (Kuyoro et.al, 2012). ***De acordo com Evert et al, (2014), a tecnologia de computação em nuvem permite o acesso a um poder virtual de processamento ilimitado; oferece uma nova capacidade de armazenamento e cria uma plataforma Web virtual que permite à humanidade viver o seu quotidiano trabalhando, educando, fazendo compras e ligando-se à rede privada de amigos e familiares.*** Atualmente, a computação em nuvem está a ter um enorme impacto positivo nas empresas. Segundo o relatório da IDC (2012), a computação em nuvem criaria cerca de 14 milhões de postos de trabalho a nível mundial; em 2011, gerou 400 mil milhões de dólares de receitas e criou 1,5 milhões de postos de trabalho.

CompTIA, (2013) no quadro abaixo, revela os benefícios que os adoptantes da nuvem experimentaram.

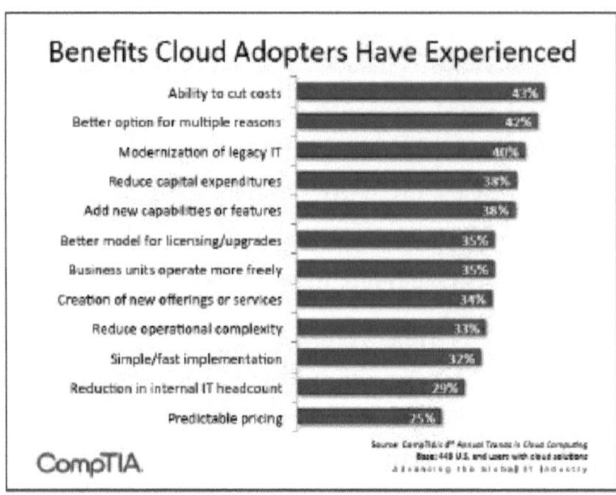

Fig. 5.1: Benefícios que os adoptantes da Nuvem obtiveram

Os resultados da investigação também revelaram um tempo de resposta reduzido para a resolução de problemas de TI/negócio, uma elevada segurança dos dados e um ambiente de negócios favorável para a organização que adopta a tecnologia de computação em nuvem. Nunez & Agudo (2014) afirmam que a gestão da identidade como um serviço (IDaaS) é uma solução para a segurança dos dados do sector. As organizações podem, com confiança, terceirizar o serviço de gestão de identidade para o provedor de nuvem. Vinod & Han-Amo, (2010) afirmam que a execução do processo distribuído e o SLA são mapeados para um modelo de custo que considera todos os factores que reduzem o tempo de resposta do serviço. Michele Cantara, analista do Gartner, afirma que, até 2018, a maioria dos serviços estratégicos diferenciadores dependerá da nuvem. Alexander et al, 2012, afirmam que os benefícios ambientais sustentáveis do serviço de computação em nuvem são oferecidos em plataformas seguras que eliminam os riscos de segurança de TI/negócios e os desafios de produtividade. Deve também ter-se em conta o facto de o New York Times ter publicado em 2012 que a enorme necessidade de energia de um parque de servidores de fornecedores de serviços de computação em nuvem pode criar um problema ambiental. Os centros de dados de serviços de computação em nuvem consomem 30 mil milhões de watts de eletricidade a nível mundial. Foi recomendado que, para que os prestadores de serviços de computação em nuvem sejam verdadeiramente sustentáveis do ponto de vista ambiental, devem obter a sua energia a partir de uma fonte de energia renovável e esforçar-se continuamente por obter eficiência (Greenpeace, 2012). Apesar de todos os inúmeros benefícios que a computação em nuvem traz para a gestão das empresas, Weissman (2015) recomenda que se considere uma abordagem holística das necessidades das empresas antes de passar para a nuvem; Se uma aplicação em nuvem acrescentar valor à empresa, então é melhor. Mas não deve ser actualizada com o objetivo de ter a tecnologia ou a gestão de processos mais recentes, porque pode pôr em risco o valor financeiro e cultural da empresa. Antes de passar para a nuvem, a organização precisa de examinar as suas necessidades comerciais e ter em conta a sua estabilidade financeira, o crescimento previsto, o conjunto de competências existentes e decidir sobre as opções de nuvem que são benéficas para o seu negócio.

5.3 Factores motivadores para otimizar o BPM com o serviço de nuvem

Os resultados da investigação revelam que um maior enfoque no negócio principal da organização, a acessibilidade ao serviço de nuvem, a colaboração entre o fornecedor de serviços de nuvem e a redução do custo de manter um grande número de pessoal de TI motiva as organizações a adotar o serviço de nuvem no seu BPM. A computação em nuvem resultará no despedimento de pessoal do departamento de TI se este for especializado no fornecimento de suporte de hardware e software (Khajeh-Hosseini et. al, 2010). Awosan (2014) afirma que uma sensibilização adequada por parte dos fornecedores de serviços de computação em nuvem sobre os benefícios e os possíveis riscos dos serviços de computação em nuvem; a disponibilidade de mais fornecedores de serviços de computação em nuvem e o fornecimento de uma versão de amostra do serviço de computação em nuvem por parte dos fornecedores motivarão a adoção de serviços de computação em nuvem em África. Dahunsi e Owoseni (2015) salientam que a construção de infra-estruturas (ou seja, fornecimento de energia e rede de banda larga), a disponibilidade de dispositivos de utilizador/dispositivos TIC, a sensibilização de jovens cientistas, a investigação e o desenvolvimento e a criação de agências reguladoras governamentais motivarão a adoção do serviço de computação em nuvem no BPM.

Mais organizações na economia em desenvolvimento irão otimizar o seu BPM com o serviço de nuvem se forem esclarecidas pelos fornecedores de serviços de nuvem sobre as deficiências e as vantagens do serviço de nuvem; o governo aborda os actuais desafios de segurança que têm atormentado o continente e fornece um melhor serviço de internet e fornecimento de energia (Mohammed et. al, 2015).

5.4 Desafios da adoção de serviços de computação em nuvem no BPM

Os resultados da investigação revelam que as organizações empresariais da economia em desenvolvimento enfrentam os desafios do elevado custo do serviço de Internet, da fraca sensibilização para o serviço de computação em nuvem, do fornecimento epilético de energia eléctrica, da falta de confiança no fornecedor de serviços de computação em nuvem, do elevado custo do serviço de computação em nuvem e da falta de serviços de rede estáveis; embora Mell & Grance (2011) afirmem que a computação em nuvem reduz o investimento em TI; apenas a utilização da infraestrutura e o tempo de processamento são pagos. Armbrust et al, (2009) afirma que os desafios da adoção do serviço de computação em nuvem incluem desafios técnicos relacionados com a disponibilidade do serviço e o bloqueio de dados. A ausência de um armazenamento escalável, o desempenho imprevisível e os estrangulamentos na transferência de dados limitam a adoção do serviço de computação em nuvem no BPM.

Muhammed et al, (2015) destacaram os desafios que impedem a adoção da computação em nuvem como

- Serviço de Internet deficiente/disponível no país
- Medo dos hackers nas operações do espaço da nuvem
- Questões de privacidade relativas à segurança dos dados sensíveis da organização
- Falta de competências técnicas na implantação de serviços em nuvem
- Falta de um quadro jurídico flexível que regule os fornecedores e os utilizadores de serviços de computação em nuvem
- Falta de conhecimento das ofertas de serviços de computação em nuvem no país
- Falta de infra-estruturas TIC e de equipamentos sociais necessários para o estabelecimento de centros de dados de computação em nuvem no país
- Os actuais desafios de segurança que o continente enfrenta desencorajam os investidores em serviços de computação em nuvem a investir em África.

Para estabelecer um serviço de computação em nuvem sustentável numa economia em desenvolvimento, o governo precisa de fornecer energia eléctrica adequada, indústrias de fabrico de TIC e infra-estruturas de TIC; precisa de estar adequadamente envolvido na elaboração de políticas, criando um ambiente favorável para os investidores e divulgando informações sobre o serviço de nuvem à população de África (Dahunsi & Owoseni, 2015).

Nos resultados da investigação de (Awosan, 2014), três factores que afectam grandemente a adoção da computação em nuvem são

- Conhecimento inadequado dos serviços de computação em nuvem
- Fornecimento deficiente de energia eléctrica
- Preços irrealistas dos serviços de Internet e baixa largura de banda

Hamad (2009) tem uma opinião contrária ao serviço de computação em nuvem. Considera que se trata de uma má ideia. Defende que aqueles que estão a pensar em transferir as suas aplicações para a nuvem devem reconsiderar estas premissas:

- Excesso de dependência das TI em relação à Internet. A computação em nuvem não pode ser um bom substituto para o servidor interno porque existe na premissa de que a Internet será robusta, fiável e estará sempre disponível. O congresso dos Estados Unidos está a promover projectos de lei que permitirão encerrar/limitar o tráfego da Internet em caso de emergência (Steve & Jones, 2009). Em 2012, a Síria retirou-se da Internet durante a guerra civil (Sean, 2012). O que acontece aos utilizadores de serviços de computação em nuvem nestas situações?

• A computação em nuvem só atrairá clientes do mundo ocidental devido à necessidade de uma ligação robusta à Internet. Em África e em muitos outros continentes em desenvolvimento, a velocidade da Internet é geralmente lenta.

• A organização empresarial dependerá totalmente da boa vontade do fornecedor de serviços Internet (ISP).

• Questões de confiança e práticas pouco éticas dos FSI. Pode confiar-se ao ISP os dados sensíveis da organização?

• A nuvem desencorajará o espírito da computação pessoal. Os computadores pessoais destinam-se a dar poder aos indivíduos, a torná-los independentes e mais produtivos.

• A computação em nuvem fará com que os dados da organização estejam sujeitos à legislação americana, uma vez que a maioria dos servidores de nuvem estão alojados nos Estados Unidos.

• A computação em nuvem pode expor os seus dados confidenciais à corrupção. O problema não se limita ao facto de as agências dos Estados Unidos terem acesso às empresas americanas, mas os dados sensíveis da organização podem ser expostos aos concorrentes americanos.

• A computação em nuvem pode não contribuir para a economia nacional quando as empresas locais são ignoradas na aquisição de hardware, software e conhecimentos técnicos para a criação de um servidor local e o fornecedor de computação em nuvem é uma organização com sede e propriedade americanas.

Armbrust et al, (2009), Muhammed et al, (2015) e Awosan, (2014) não consideraram o nível de literacia informática e as práticas corruptas nas organizações de serviço civil/público em África como um obstáculo à adoção do serviço de computação em nuvem. A função pública nos países africanos não é uma criação do Estado moderno. A criação da função pública remonta à civilização antiga, mas, na governação atual, a função pública é a base do braço executivo do governo na implementação e execução de políticas elaboradas pelo poder legislativo. São a fonte de informação para a tomada de decisões pelo executivo (Nwanolue & Iwuoha, 2012).

As práticas corruptas que se desenvolveram ao longo do tempo em todos os sectores em África fizeram dos funcionários públicos um estrangulamento à adoção da inovação tecnológica na otimização de processos e resultados para uma decadência consistente das infra-estruturas em África. O Presidente nigeriano, Muhammad Buhari (2015), afirmou que a função pública de hoje perdeu o fôlego devido à pobreza de ideias e à corrupção, que resultaram em ineficiência e resultados fracos. ***Os funcionários públicos dominam o ofício mortal da corrupção na gestão de processos manuais e não querem ser expostos enquanto aprendem uma nova corda de inovação tecnológica.*** Kolade (2001) argumentou que um aspeto das práticas culturais e religiosas africanas predispõe a práticas de corrupção entre os titulares de cargos públicos. Nos últimos tempos, as coisas estão a mudar gradualmente em resultado do mantra da mudança e da luta contra a corrupção da atual administração nos países africanos.

CAPÍTULO 6

RECOMENDAÇÃO E CONCLUSÃO

6.0 Introdução

Neste capítulo, serão discutidos os resultados da investigação, as recomendações, a contribuição para o corpo de conhecimentos, os futuros trabalhos de investigação e a conclusão deste trabalho de investigação.

6.1 Recomendação

Devido ao estado atual da economia em desenvolvimento, as organizações empresariais não se podem dar ao luxo de não otimizar os seus processos nos sectores público e privado para um desempenho ótimo. Com base nos resultados da investigação, são apresentadas recomendações para aumentar o nível de adoção do serviço de computação em nuvem na Gestão de Processos Empresariais (BPM):

I. Combater as práticas e a orientação corruptas que impossibilitaram a inovação na função pública e no estabelecimento de serviços públicos nos países em desenvolvimento.

II. Criar um ambiente empresarial propício e isento de corrupção para que os fornecedores de serviços de computação em nuvem invistam numa economia em desenvolvimento. O governo deve colaborar com o fornecedor de serviços de computação em nuvem para fornecer infra-estruturas de produção de energia, segurança e TIC.

III. O Estado deve ser envolvido no controlo da propriedade do serviço de computação em nuvem para garantir a privacidade e a segurança dos dados sensíveis.

IV. O fornecedor de serviços de computação em nuvem deve criar uma sensibilização adequada sobre os serviços disponíveis, os riscos, os benefícios e o que é necessário para migrar para a nuvem

6.2 Contribuição para o conhecimento

I. Os resultados da investigação revelam que o valor da tecnologia de computação em nuvem reside nas mudanças operacionais que permite e não na tecnologia em si.

II. Atualmente, a adoção de serviços de nuvem em BPM é muito baixa nos países em desenvolvimento.

III. Os serviços de computação em nuvem são inevitáveis para as organizações que pretendem não só obter uma vantagem competitiva nas suas ofertas comerciais, mas também adotar uma estratégia de oceano azul numa economia em desenvolvimento.

IV. Os fornecedores de serviços de computação em nuvem devem adaptar os seus serviços às ofertas comerciais das organizações dos países em desenvolvimento, concentrando-se nos seus serviços principais.

6.3 Trabalhos futuros

O resultado da investigação indica que o nível de adoção da tecnologia de computação em nuvem no BPM dos países em desenvolvimento é baixo. No trabalho de investigação, foi analisado o nível de utilização da tecnologia no BPM; foram investigados os benefícios da computação em nuvem, os factores de motivação e os desafios dos serviços em nuvem na otimização do BPM, e os resultados foram discutidos. No futuro, a investigação sobre este tópico deve considerar a adoção da tecnologia de computação em nuvem no BPM, depois de todos os resultados da investigação terem sido considerados.

6.4 Conclusão

A tecnologia de computação em nuvem na Gestão de Processos Empresariais (BPM) é uma verdadeira fonte de vantagem competitiva para uma organização empresarial numa economia em desenvolvimento. Altera a forma como as operações comerciais são geridas. Disponibiliza recursos de computação para as organizações a pedido. É flexível e escalável. Protege o ambiente ecológico se for utilizada energia renovável para alimentar o parque de servidores. A computação em nuvem é vista como a próxima ferramenta informática para as organizações em África, apesar da baixa taxa de adoção neste momento. Estas conclusões são semelhantes às de estudos anteriores.

O estudo também revela que, embora seja necessário que o governo forneça infra-estruturas adequadas na área da energia, da segurança e das TIC, só isso não será suficiente para criar uma prestação sustentável de serviços de computação em nuvem numa economia em desenvolvimento. O governo tem de combater as práticas de corrupção entre os funcionários públicos e educá-los para a necessidade de adotar tecnologias inovadoras e económicas, como os serviços de computação em nuvem, na gestão dos seus processos. O governo tem de se envolver no controlo da propriedade do fornecedor de serviços de computação em nuvem para garantir a segurança e a proteção dos dados sensíveis. O público deve ser informado sobre os benefícios, os riscos e o que é necessário para migrar para a nuvem.

Referências:

Aragbe-Akpore, S. (2004), Why e-govemment for Nigeria, *The Guardian-,* 16 de março, p41-45, 59

Art Landro (2013), Os benefícios do BPM baseado na nuvem; NETWORKWORLD. Disponível em: http://www.networkworld.com/article/2167361/tech-primers/the-benefits-of-cloud-based-bpm.html (acedido em: 01/01/16)

Attama, R. O. & Owolabi, K.A. (2008) Information and Communication Technology (ICT) Dynamics in Management and Governance in an emerging Democracy; *Nigerian Library Link* 6(1); 35-44

Awosan R.K (2014), Fator Analysis of the Adoption of Cloud Computing in Nigeria (Análise de factores da adoção da computação em nuvem na Nigéria). *Jornal Nigeriano de Computação e TIC".* IEEE Vol.7 No. 1 p33-42

Bazely, P. (2004), Questões relativas à combinação de abordagens qualitativas e quantitativas na investigação. In. R.

Buber, J. Gadner, & L. Richards (Eds.) *Applying qualitative methods to marketing management research.* REINO UNIDO: Palgrave Macmillan, (pl41- 156).

Conselho de Consumidores de Normas de Nuvem, (2012). Segurança para a computação em nuvem; 10 passos para garantir o sucesso

Choudhary Vidyanand e Vithayathil Joseph, (2013). 'O impacto da computação em nuvem: Should the IT Department Be Organized as a Cost Center or a Profit Center'. *Journal of Management Information Systems,* Vol. 30 Issue 2, p67-100.

Cisco e World Wide Worx, (2013), The Cloud in Nigeria: Reality Check; Disponível em: http://www.cisco.eom/web/ZA/press/2013/l 12813.html (acedido em 12/01/16)

CompTIA, Tendências em computação em nuvem: Full Report, agosto de 2013. Disponível em: www.comptia.org (acesso em: 27/12/15)

Creswell, J. W., Plano Clark, V. L., Gutmann, M. L., & Hanson, W. E. (2003). Projectos avançados de investigação de métodos mistos. *Handbook of mixed methods in social and behavioral research,* pp. 209-240

Creswell, J. (2003), Research Design: Qualitative, Quantitative, and Mixed Methods Approaches (2ª ed.). Thousand Oaks, CA: Sage.

Creswell, J. W., Tashakkori, A., Jensen, K. D., & Shapley, K. L. (2003) Teaching mixed methods research: Práticas, dilemas e desafios. Em A. Tashakkori & C. Teddlie (Eds.), *Handbook of mixed methods in social & behavioral research* (pp. 619-637). Thousand Oaks, CA: Sage.

Dahunsi F.M e T.M Owoseni, (2015), Cloud Computing in Nigeria: The Cloud

Ecosystem Perspective; *Jornal Nigeriano de Tecnologia,* Vol. 34 Nol p209-216

Duipmans Evert, Ferreira Pires Luis, Bonino da Silva, e Santo Luiz, (2014), 'A Transformation-Based Approach to Business Process Management in the Cloud' *Journal of Grid Computing,* Vol. 12 Issue 2, pl91-219, 29p Publisher: Springer Science & Business Media B.V

Emilova Petya, (2013) "Cloud Computing Technology in Business Process Management", Economic Archive / Narodnostopanski Arhiv, Vol. 66 Issue 3, pp. 25-40, *D.A. Tsenov Academy of Economics.*

ENISA, (2015), Avaliação do Mês Europeu da Cibersegurança: Disponível em: http://www.enisa.europa.eu/ (acedido em: 30/11/15)

Gartner (2007), Gartner Estimates ICT Industry Account for 2 Percent of Global CO2 Emission. Disponível em: http://www.gartner.com/newsroom/id/503867 (acedido em: 17/12/15).

Gera, S., & Gu, W., (2004) 'The Effect of Organizational Innovation and Information Technology on Firm Performance', *International Performance Monitor,* 9, pp.37-51.

Godfery Ekata , (2012), IT Productivity Paradox: Evidence from Nigeria Banking Industry, Disponível em: http://www.Nigeriacommunicationsweek.com.ng/e-fmancial/study-shows-how-banks-engage-in-arbitrary-it-budgeting (acedido em 13/01/15).

Gong, Y. e Janssen, M. (2011) From Policy Implementation to Business Process Management: Principles for Creating Flexibility and Agility. *Government Information Quarterly,* 29 (Suplemento 1), P 61-71,

Hamad Subani (2009), Ten Reasons Why Cloud Computing is a Bad Idea; *techtangerine* Disponível em: http://www.techtangerine.com/2009/06/02/ten-reasons-why-cloud-computing-is-a-bad-idea/ (acedido: 10/02/16)

International Data Corporation (2012), Livro Branco: Cloud Computing's Role in Job Creation Disponível: https://news.microsoft.com/download/features/2012/idc cloud jobs white paper.p df (acedido: 20/01/16)

Isoun, T. (2003), Keynote Address in M.A.G Akale (Ed) *Proceedings of the 44th Annual Conference of Science Association of Nigeria-.* 3-8

Khajeh-Hosseini, A., Sommerville, I. e Sriram, I. (2010) Research Challenges for Enterprise Cloud Computing, [em linha], disponível em: http://arxiv.org/abs/1001.3257 [acedido em 27/6/2012]

Kolade, C. (2001) "Corruption in Nigeria: Causes, Effects and Counter-Measures", em Belshaw, D, Calderisi, R; e Sugden, C. (eds). Faith in Development, Oxford: Regnum Books Intemational.79-87

Kuliya Muhammed, Isma'il Zaharaddeen, Kabir Rumana e Abdulkadir M. Turaki, (2015), Adoção da computação em nuvem na Nigéria: Challenges and Benefits. *Revista Internacional de Publicações Científicas e de Investigação,* Volume 5, Número 7

M, Armbrust, A. Fox, R. Griffith, A. Joseph, R. Katz, A. Konwinski, G. Lee, D. Patterson, A. Rabkin, I. Stoica e M. Zaharia, (2009), Above the Clouds: A Berkeley View of Cloud Computing.

Mell P e Grance T, (2011) The NIST Definition of Cloud Computing, Instituto Nacional de Normas e Tecnologia, Disponível em: http://csrc.nist.gov/

Michele Cantara (2015) Five Ways Cloud can help you Transform your Business; Gartner Inc.

Miles, M. B., & Huberman, M. A. (1994), "Qualitative Data Analysis: An Expanded Sourcebook" (2nd edition). Beverley Hills, Sage

Muthusamy Vinod e Jacobsen Hans-Amo (2010), "BPM in Cloud Architectures: Business Process Management with SLAs and Events". 8th International Conference, Hoboken, Nj, Usa, p5-10, Publisher: Springer Science & Business Media B.V

Muhammad Buhari (2015), Civil Service has been made Inefficient by corruption; Disponível em: http://www.informationng.com/2015/09/civil-service-has-been-made-inefficient-by-corruption-buhari.html (acedido em 28/01/16)

New York Times (2012), Power, Pollution and Internet Technology; The Cloud Factory, Disponível em: http://www.nytimes.com/20F2/09/23/technology/data2 centers-waste-vast-amounts-of-energy-belving-industrv-image.html?r=Q (acedido em: 17/12/15).

Nowak Alexander, Binz Tobias, Fehling Christoph, Kopp Oliver, Leymann Frank, e Wagner Sebastian, (2012), 'Pattern-driven green adaptation of process-based applications and their runtime infrastructure.' *Computing,* Vol. 94 Issue 6, p463487.

Nunez David e Agudo Isaac, (2014), 'BlindldM: A privacy-preserving approach for identity management as a service' *International Journal of Information Security.* Vol. 13 Issue 2, p!99-215.

Nworgu, B. G. (2007), *The Indispensability of ICT in Educational Research in Information Communication Technology in the Service of Education Ed.*

Nwanolue B.O.G e Iwuoha V.C (2012), The Nigerian Civil Service and Promotion of Sustainable Human Development: Uma Análise Crítica. *Revista Árabe de Negócios e Gestão* (Capítulo OMAN) Vol.1 No.9

.0. Kuyoro, A.A. Omotunde, C. Ajaegbu, and F. Ibikunle (2012), Towards Building a

Secure Cloud Computing Environment; *International Journal of Advanced Research in Computer Science,* 3(4), 166-171,

Onwuegbuzie, A. J., & Combs, J. P. (2010) Técnicas de análise de dados emergentes na investigação de métodos mistos: uma síntese. Em A. Tashakkori & C. Teddlie (Eds.), Handbook of mixed methods in social and behavioral research (2.ª ed., pp. 397430). Thousand Oaks, CA: Sag.

Ovia, J. (2005), "Enhancing the Efficiency of the Payment System in Nigeria", CBN Bullion, Vol. 29 (1), p.8-18

Sean Gallangher (2012), Paint it black - How Syria methodically erased itself from the *"Net. Arstechnica.* Disponível em: http://arstechnica.com/information-technology/2012/12/paint-it-black-how-syria-methodically-erased-itself-from-the-net/ (acedido: 10/02/16)

Sudman S; Bradbum NM & Schwarz N (1996), Thinking about Answers: The Application of Cognitive Processes to Survey Methodology. São Francisco, CA: Jossey-Bass.

Steve Aquino e Mother Jones (2009), Should Obama Control the Internet? *InfoWards;* Disponível em: http://www.infowars.com/should-obama-control-the- intemet/ (acedido: 10/02/16)

Steve Weissman (2015), What's up with Business Processes in the Cloud; *TechTarget*

Tashakkori, A., & Teddlie, C. (2008), Introduction to mixed method and mixed model studies in the social and behavioral science, In V.L. Plano-Clark & J. W. Creswell (Eds.), The mixed methods reader, (p7-26).

Trading Economics, (2012), Disponível em: http://www.tradingeconomics.com/analytics/features.aspx?source=300x250 (acedido em 13/01/15).

Conferência das Nações Unidas sobre Comércio e Desenvolvimento (2005) *Information Economy Report* 2005, Nova Iorque; Nações Unidas

Verdantix, (2011), New Study: Cloud Computing can Dramatically Reduce Energy Costs and Carbon Emissions; Disponível em: https://www.cdp.net/en-US/WhatWeDo/CDPNewsArticlePages/cloud-computing-can-dramatically- reduce-energy-costs-and-carbon-emissions.aspx (acedido em 13/01/15).

Wasana Bandara, M. Indulska, S. Chong, e S. Sadiq, "Major Issues in Business Process Management: An Expert Perspective", Actas da 15.ª Conferência Europeia sobre Sistemas de Informação, vol. 2007, pp. 1240-1251, 2007.

Yin R. K. (1994): "Case Study Research: Design and Methods". (2nd edition) Califórnia, Sage.

Printed by Books on Demand GmbH, Norderstedt / Germany